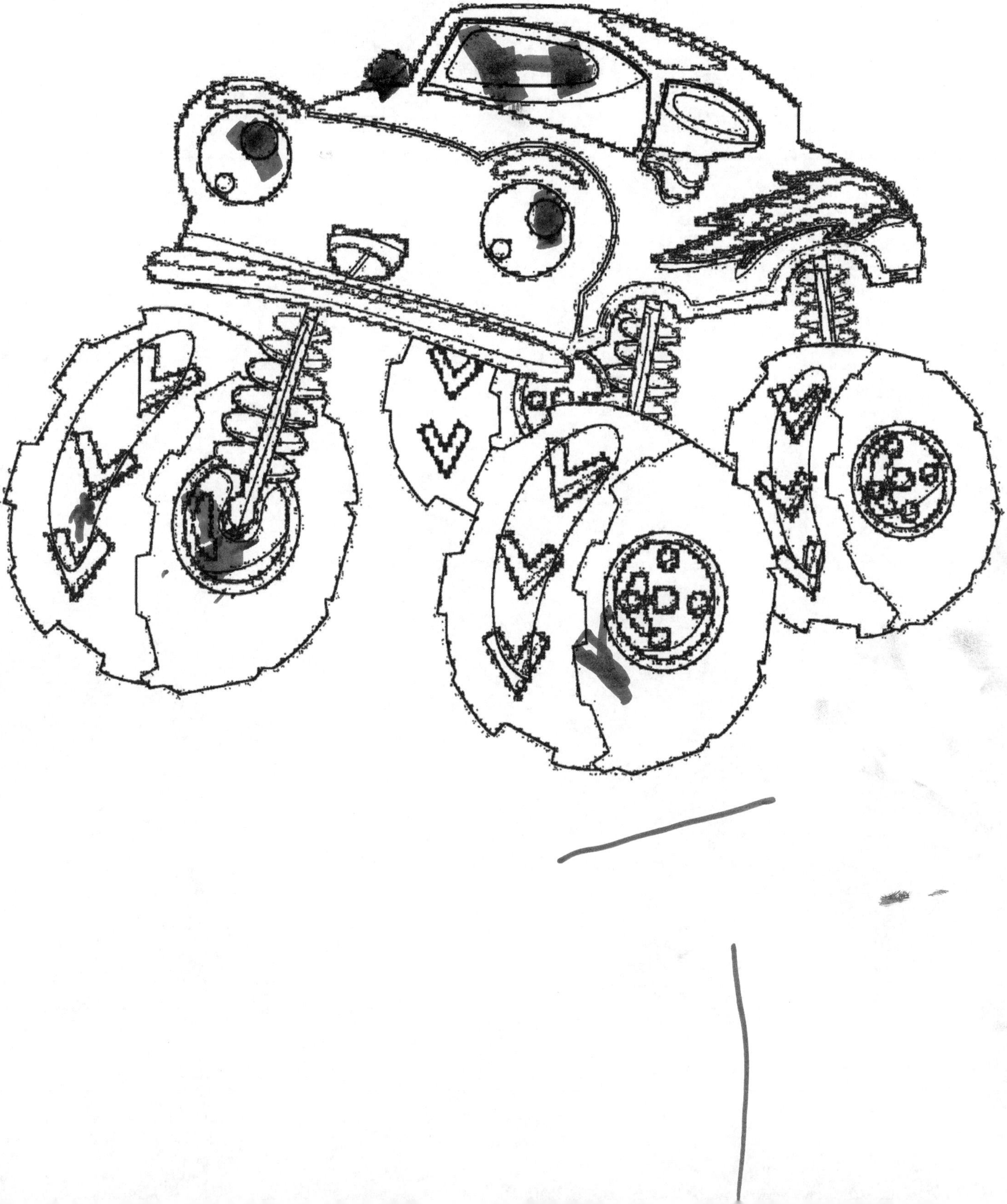

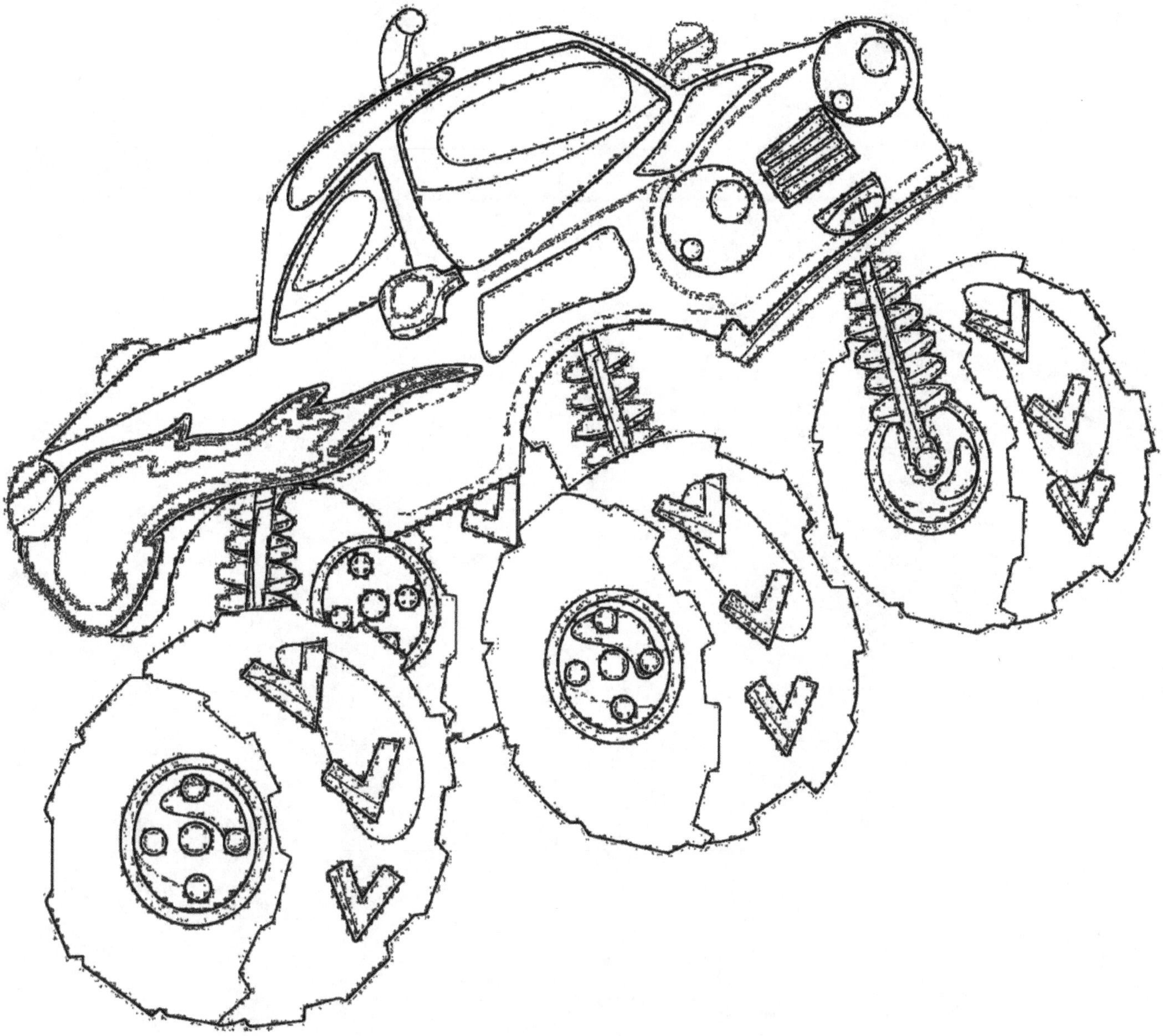

MONSTER

#1

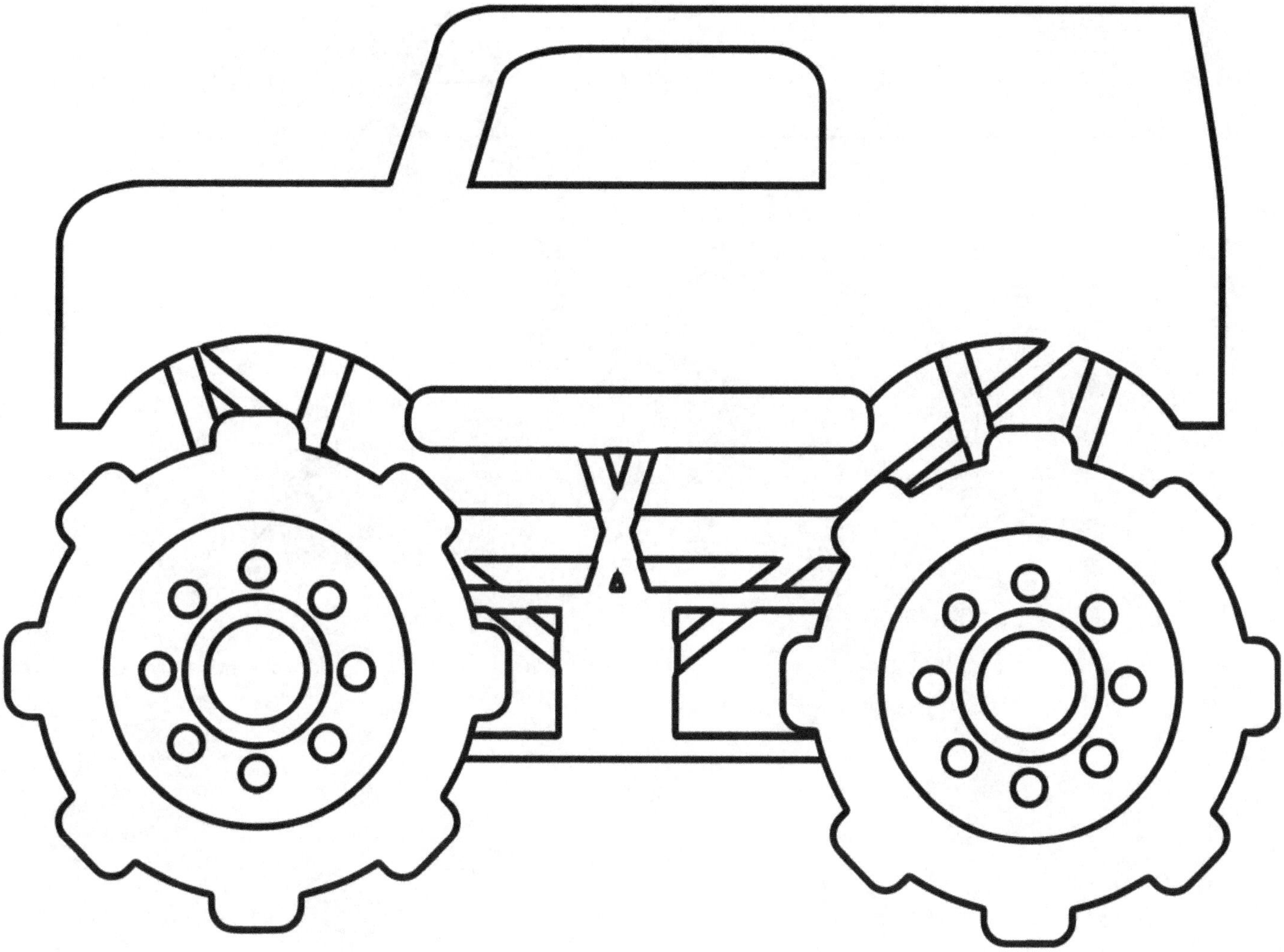

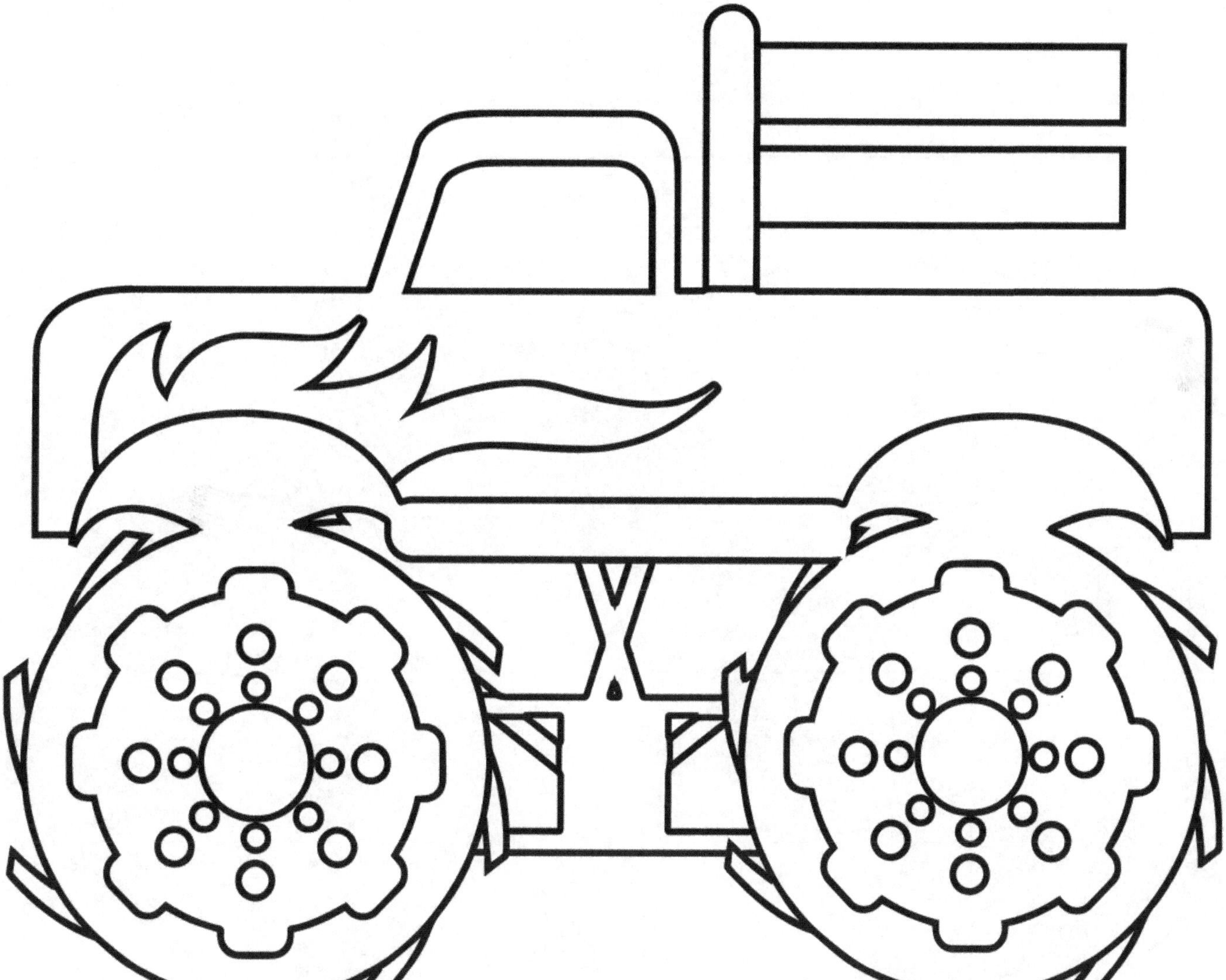

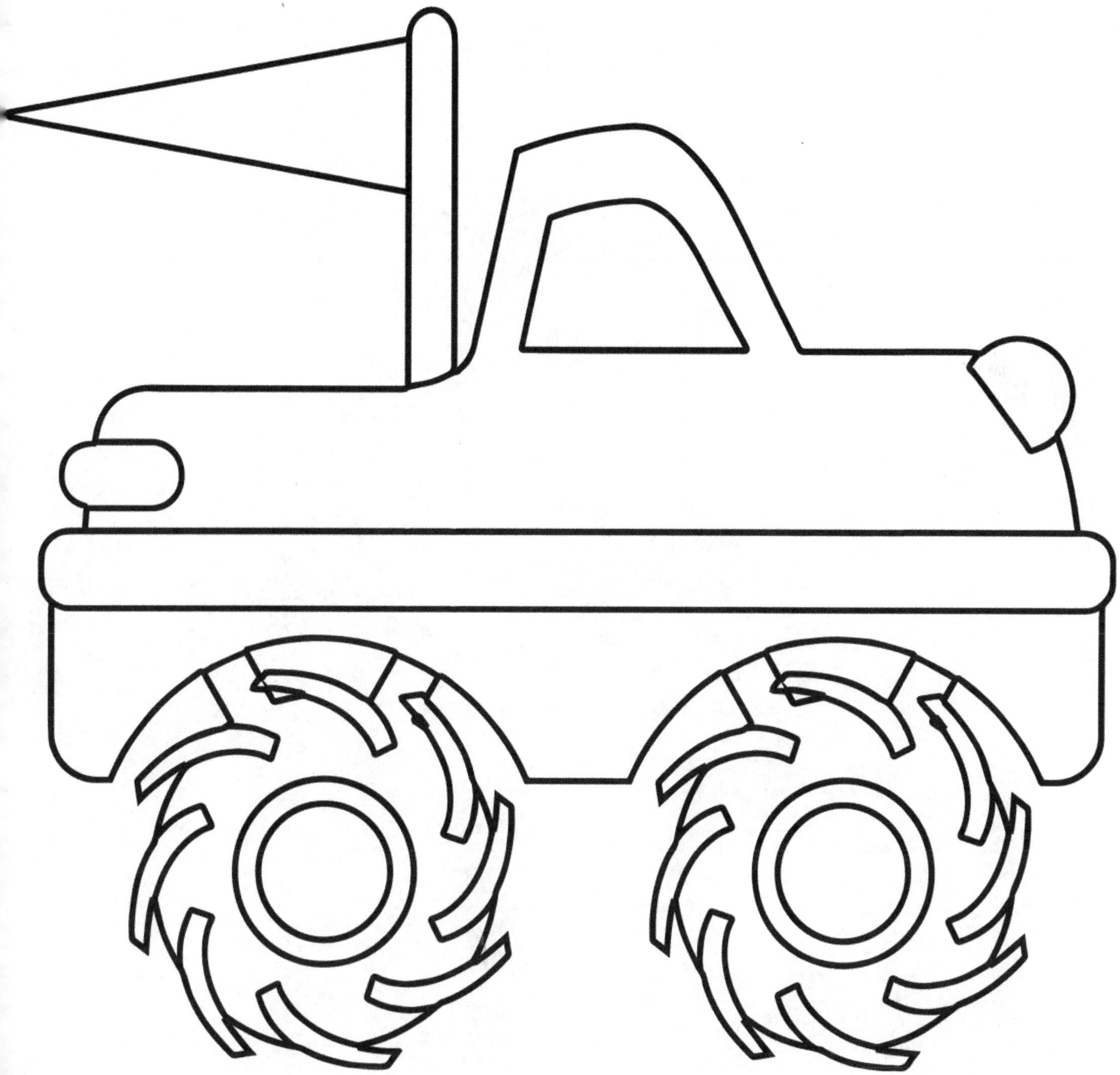

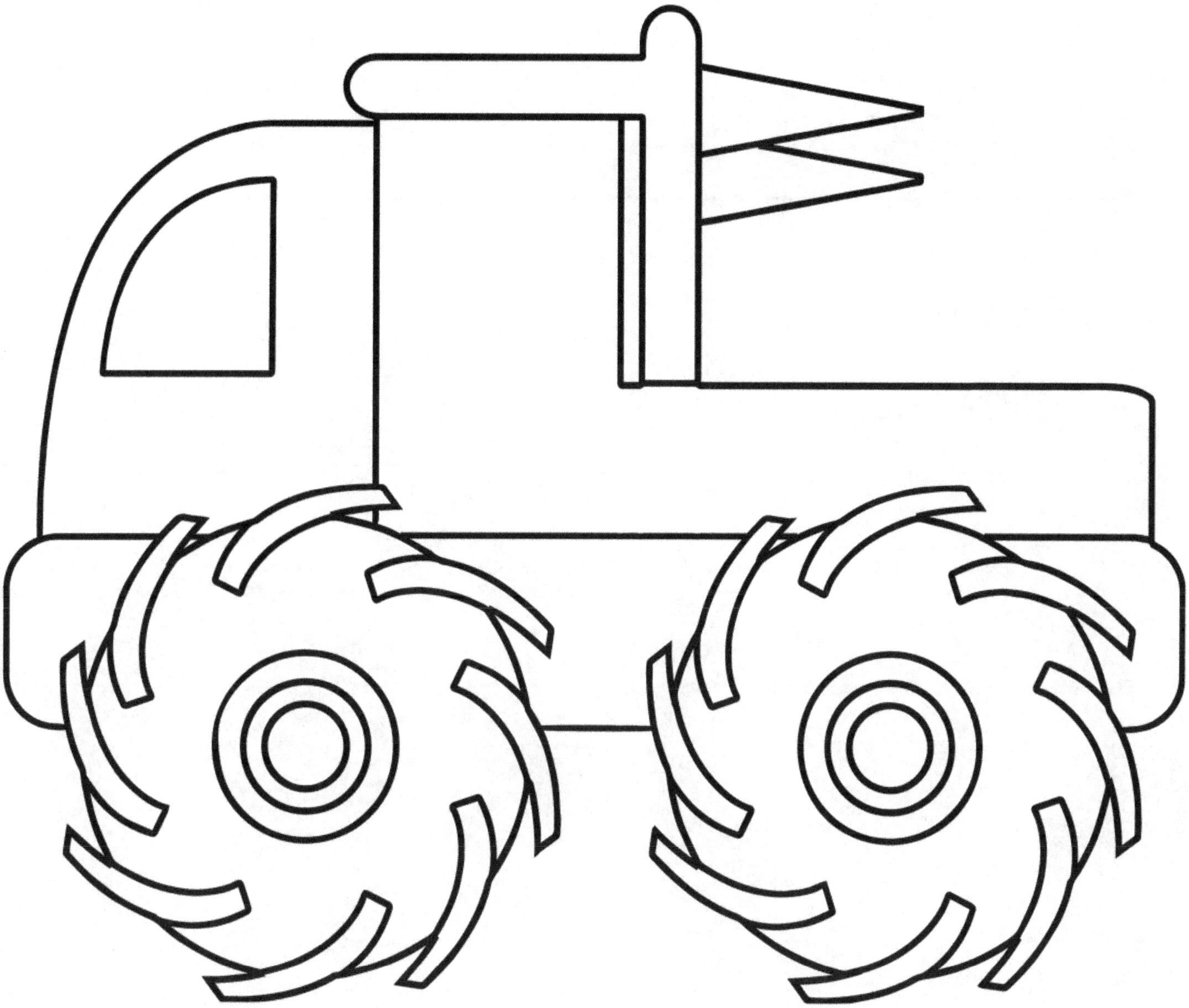

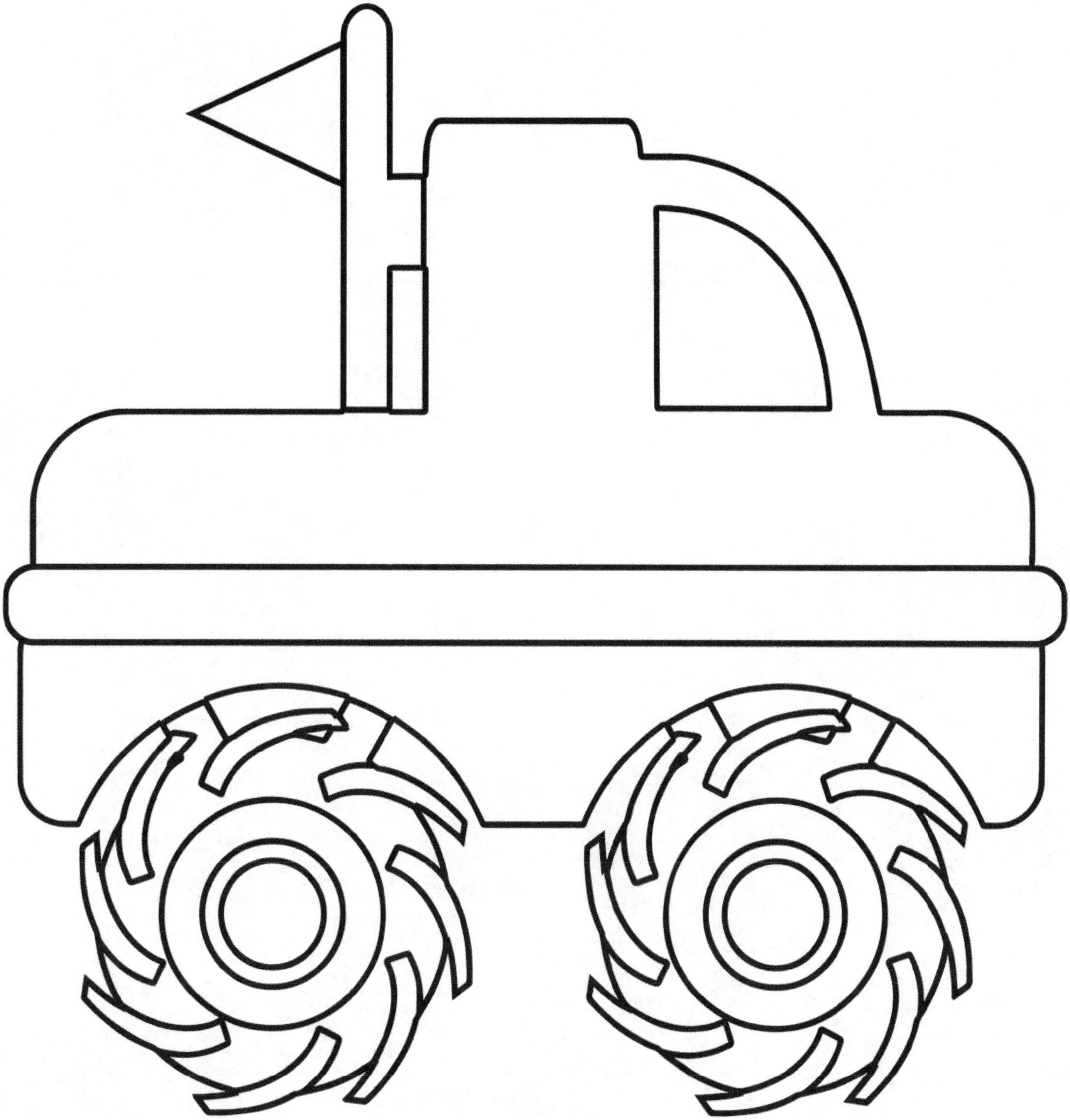

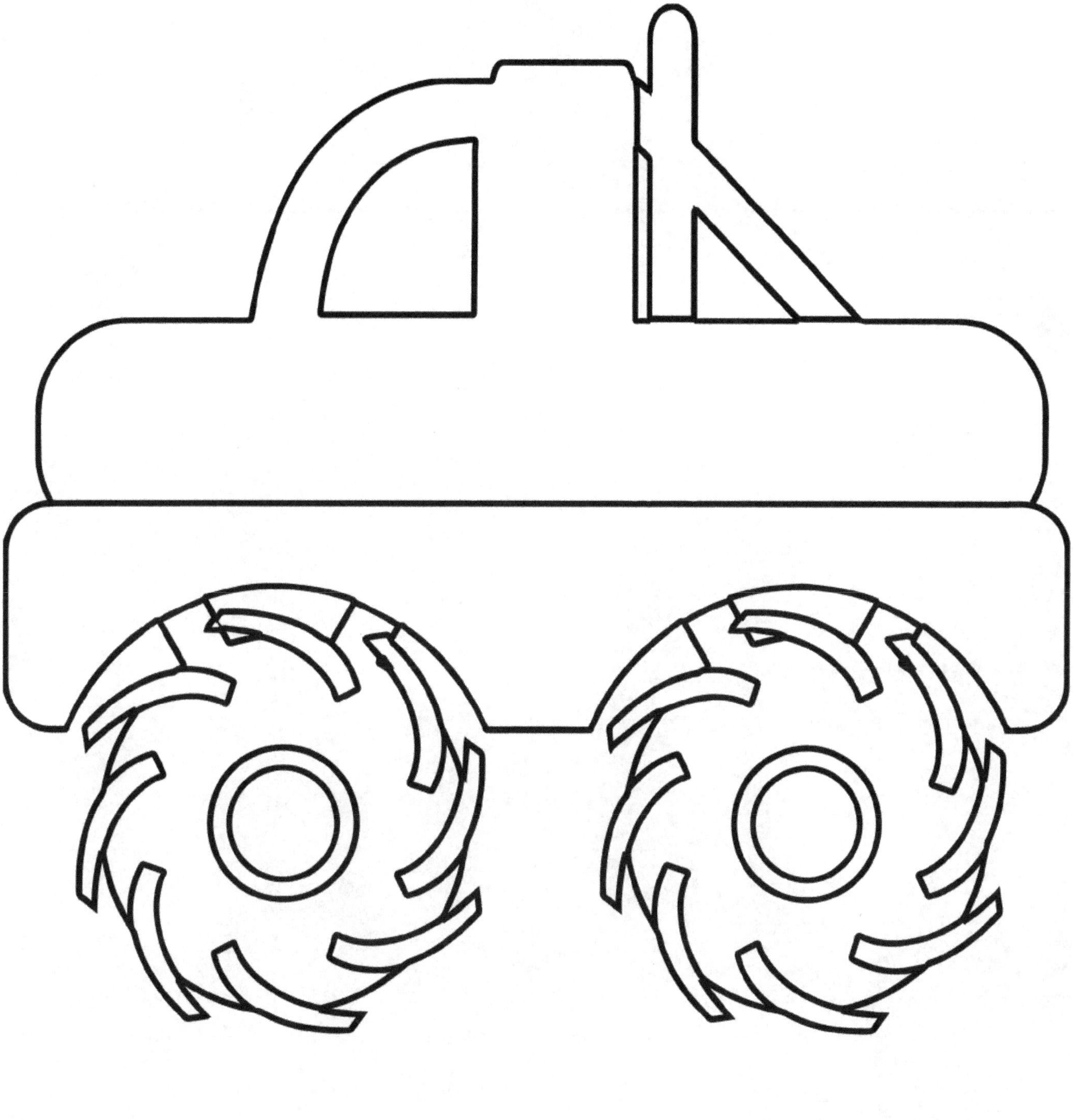

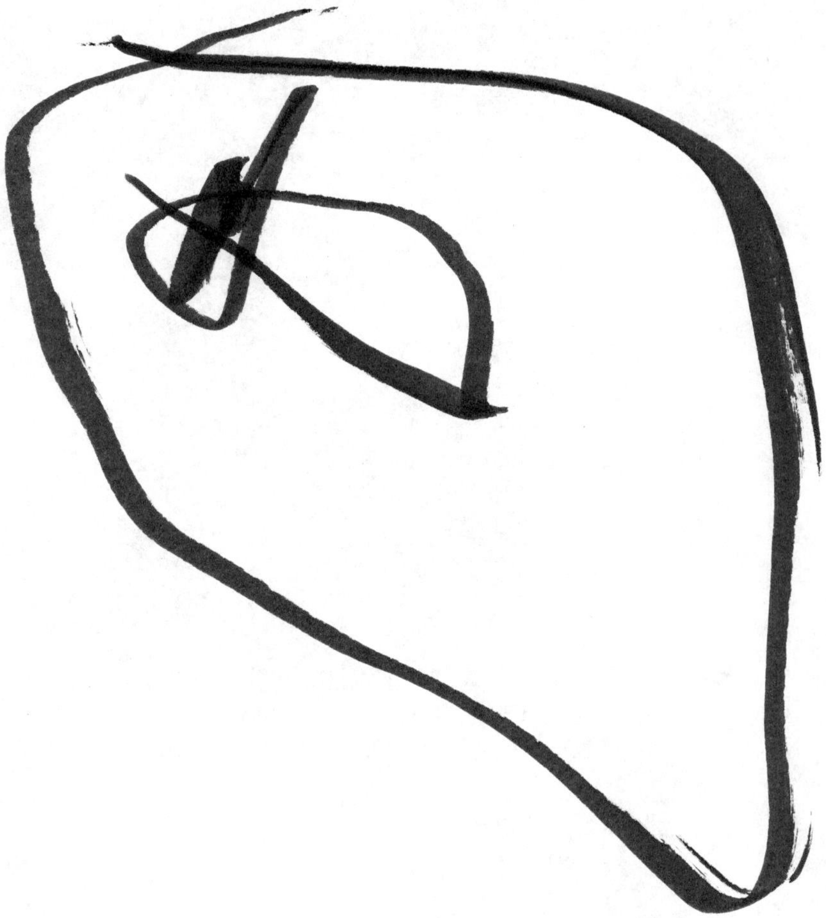

CPSIA information can be obtained
at www.ICGtesting.com
Printed in the USA
BVHW012011301121
622895BV00014B/677